Inhalt

Gute Chancen in der Modebranche - Absolventen haben vielfältige Berufsaussichten

Kernthesen

Beitrag

Fallbeispiele

Zahlen und Fakten

Weiterführende Literatur

Impressum

Gute Chancen in der Modebranche - Absolventen haben vielfältige Berufsaussichten

Autor GENIOS BranchenWissen: S.Kneer

Kernthesen

- Die Modebranche sucht nach guten Nachwuchskräften.
- Der Fachkräftemangel hat auch die Unternehmen in der Textil- und Bekleidungsbranche erreicht.
- Die Bewerber haben so gute Chancen auf einen Arbeitsplatz wie noch nie.

Beitrag

Irgendwas mit Mode wer diese Antwort auf die Frage Was möchtest Du mal werden? gibt, hat momentan eine große Auswahl.

Angefangen bei den klassischen Ausbildungsberufen und dem Job im Verkauf geht die Vielfalt heute bis zu Fachkräften wie Ingenieuren und Designern. Und die Chancen auf einen Arbeitsplatz in der Modebranche stehen so gut wie nie, Modedesign ausgenommen. Dass die Modebranche, die als cool gilt, gute Karriereaussichten bietet, darin sind sich Nachwuchs und Arbeitgeber einig. Doch die Arbeitgeber wissen auch, dass der Bedarf an Nachwuchskräften groß ist. Das ergab die diesjährige TW-Absolventenstudie. (1)

Der gewachsene Bedarf zeigte sich auch am diesjährigen TW Young Professionals Day. Hier hatte sich die Zahl der Aussteller im Vergleich zum Vorjahr verdoppelt. Der War of Talents, in anderen Branchen schon länger aktuell, ist nun auch in der Modebranche angekommen. Denn nicht nur Unternehmen, die sich mit Mode, Textil und Bekleidung beschäftigen suchen nach hochkarätigen Mitarbeitern. Auch Firmen aus der Kosmetik- oder Auto-Industrie buhlen um diese Nachwuchskräfte. Die Globalisierung der Märkte hat die

Konkurrenzsituation zusätzlich verstärkt. So wissen die Unternehmen auch um die enorme Bedeutung des guten Bewerber-Marketings. Gerade Absolventen von Studiengängen mit Schwerpunkt auf Technik oder Einzelhandel, die gleichzeitig Management-Themen abdecken, sind gesucht. In diesen Bereichen, wie beispielsweise im Studiengang Bekleidungstechnik oder auch bei den Produktentwicklern, gibt es weitaus mehr Stellenangebote als Absolventen. (2)

Denn den Bewerbern kommt es beispielsweise verstärkt darauf an, selbstständig arbeiten zu können. Sie sind auf der Suche nach guten Aufstiegs- und Karrieremöglichkeiten, nach attraktiven Aufgaben, und sie wünschen sich an erster Stelle ein gutes Betriebsklima. In der Vergangenheit stand die Marke des jeweiligen Unternehmens viel stärker im Vordergrund. Dass sich die meisten Absolventen von Mode-Fach- und Hochschulen immer noch bei bekannten Modemarken bewerben, liegt wohl eher an mangelnden Kenntnissen über andere Firmen. 85 Prozent der Befragten bei der TW-Absolventenstudie legen Wert darauf, "eine Affinität zu Produkt oder Marke" zu haben, bei dem Unternehmen, bei dem sie sich bewerben. So stehen an der Spitze der Rangliste der beliebtesten Arbeitgeber der Modebranche vor allem bekannte Modemarken, meist mit junger Zielgruppe. (1), (3)

Hugo Boss besonders beliebter Arbeitgeber

Hugo Boss, schon in der Vorgängerstudie 2004 Spitzenreiter, stand hier wieder ganz vorne, wurde aber von P&C beispielsweise von den meisten Teilnehmern der Studie (74 Prozent) bei der Frage der Karrierechancen zusammen mit Adidas (jeweils 72 Prozent) auf die Plätze verwiesen. Dahinter folgen Puma (67 Prozent) und Otto (64 Prozent). Was eine gute Bezahlung betrifft, sehen sich die meisten Befragten bei Hugo Boss (73 Prozent) am besten aufgehoben und setzen P&C (70 Prozent) auf den zweiten Platz, vor Escada, Adidas und Puma. Ein gutes Betriebsklima erwarten die Absolventen in erster Linie bei Hennes&Mauritz (59 Prozent), New Yorker (57 Prozent), Puma und S.Oliver. Unter den eher unbekannten Arbeitgebern finden sich Street One (82 Prozent), Kaufhof (81 Prozent), New Yorker (81 Prozent), Karstadt (77 Prozent) und C&A (67 Prozent). [Abb.1]

Entscheidender sind für die meisten Bewerber andere Kriterien: Alle wünschen sich ein gutes Betriebsklima (100 Prozent), knapp dahinter liegt die Attraktivität der Arbeitsaufgaben (97 Prozent). Zudem spielen die

Aufstiegs- und Karrierechancen (95 Prozent) und die längerfristige Gehaltsperspektive (94 Prozent) wichtige Rollen. Die Chancen in der Weiterbildung (93 Prozent) und die Aussicht auf eine Führungsposition (84 Prozent) entscheiden ebenfalls in der Unternehmenswahl. [Abb.2]

Gestiegen sind die Ansprüche der Unternehmen an Bewerber. Ohne Praktika, fließendes Englisch und Auslandserfahrung stehen die Chancen für Absolventen äußerst schlecht. Zudem müssen Bewerber hohen Arbeitseinsatz und viel Flexibilität beweisen. Und auch eine Führungskraft im Einzelhandel muss einmal im Laden gedient haben. Denn in der Modebranche ist der enge Kontakt zum Verkauf und zu den Kunden unerlässlich.

Klassische Bekleidungsberufe

Da gibt es die klassischen Bekleidungsberufe, die sich der Verarbeitung von Textilien widmen; Modenäher, Modeschneider und Bekleidungstechniker. Dabei müssen Modenäher und Modeschneider alle Facetten des Nähens beherrschen - von der Bedienung der unterschiedlichen Nähmaschinentypen bis zum Fertigen von Kleidungsstücken. Als qualifizierter gilt der Bekleidungstechniker, der neben dem textilen Fachwissen auch betriebswirtschaftliche Aufgaben erfüllt und beispielsweise auch für Produktionsabläufe verantwortlich ist. Ein Bekleidungstechniker muss gerne reisen, denn viele Firmen haben ihre Produktionsstätten ins Ausland verlagert. Auch der Mode-Einkäufer, der über eine Lehre als Einzelhandelskaufmann/-frau verfügen sollte, ist meist noch ein Beruf, der einer Ausbildung folgt. Doch in den Verkauf wollen immer weniger Bewerber. Auch wenn sich hier gute Karrierechancen bieten. Wie in vielen anderen Branchen wird auch in der Modebranche ein Hochschulabschluss immer wichtiger. So kann man über das Studium des Textilmanagers beispielsweise Produktmanager werden. Praktika bieten auch in der Mode den idealen Einstieg schließlich gilt die Textil- und Bekleidungsindustrie als besonders praktisches Geschäft. (4)

Modedesign ist beliebt

Als besonders interessant gilt immer noch der Beruf des Modedesigners, wofür Bewerber möglichst ein gutes gestalterisches Gefühl, technisches Verständnis, kaufmännisches Talent und einen sicheren Umgang mit Farben und Materialien mitbringen sollten. In Deutschland gibt es nach Angaben des Verbandes Deutscher Mode- und Textil-

Designer (VDMD) in Würzburg etwa 100 Ausbildungsstätten für Modedesigner wie Berufsschulen, private Akademien, und Hochschulen. Doch den Absolventen steht erst einmal eine harte Zeit bevor: Gerade international bekannte Designer erwarten oft, dass Einsteiger erst einmal umsonst arbeiten. Von der breiten Masse kann man sich ein Hochschul-Absolvent aber mit einem anschließenden Master-Abschluss an einer der renommierten Design-Hochschulen im Ausland abheben Karriereaussichten bestens. (2), (4)

Hoher Bedarf in der Textilindustrie in neuen Bundesländern

In den neuen Bundesländern ist der Bedarf in der Textilindustrie besonders hoch. Mit 360 Ausbildungsplätzen bot die Branche in diesem Sommer die höchste Zahl an Lehrstellen seit der Wende. Die mehr als 270 Unternehmen stellen zusätzlich 80 Ausbildungsplätze in den Berufen Modenäher, Maschinen- und Anlagenführer, Produktprüfer, Produktveredler, Produktionsmechaniker und Produktgestalter zur Verfügung. Dies gilt als Resultat der Initiative

ANO.tex, die der Verband der Nord-Ostdeutschen Textil- und Bekleidungsindustrie eV (vti), Chemnitz im vergangenen Sommer ins Leben gerufen hat. Zudem bietet der Generationswechsel in mittelständischen Unternehmen gute Chancen für den Nachwuchs. Doch nicht alle Plätze konnten besetzt werden. (5)

Fazit:

Die Mode- und Textilbranche ist ein zukunftsträchtiges Geschäft. Gerade in den kommenden fünf bis zehn Jahren erwarten viele Unternehmen einen Generationenwechsel; auch Führungskräfte werden gesucht. Denn so manches Familienunternehmen steht vor der Übergabe doch der Nachwuchs fehlt oft oder will nicht in die Führung eintreten. Durch die Globalisierung eröffnen sich zudem Möglichkeiten im Ausland.

Fallbeispiele

Die **Türkei** will und muss zukünftig auf Know-how

und Ausbildung setzen. An 18 Hochschulen werden bereits Designer ausgebildet. Doch bisher war das Design-Studium in der Türkei stark an der Kunst und nicht an der Industrie orientiert. Um den Austausch mit ausländischen Schulen voranzutreiben, hat beispielsweise die TU Istanbul seit 2004 mit dem New Yorker Fashion Insitute of Technology einen renommierten Partner. Doch das Interesse ist beidseitig. So will das Amsterdam Fashion Institute Anfang 2009 die ersten Studenten in türkische Betriebe schicken. (6)

Kaufhof

bietet Studierenden und Absolventen kreativ ausgerichteter Textil-Studiengänge mehr Möglichkeiten, praktische Berufserfahrungen zu sammeln. Dafür hat das Unternehmen Praktikantenplätze im Bereich der Produktentwicklung geschaffen. Etwa vier bis fünf Studenten der Fächer Bekleidungstechnik, Textil- und Modedesign oder auch mal Design-Absolventen werden dann pro Saison den Entwicklungsprozess der Exklusivmarken kennenlernen angefangen bei der Trendrecherche bis hin zur Anprobe von Musterteilen und der Passformkontrolle. Zudem lernen die Nachwuchskräfte die vielfältigen Berufsbilder kennen. Das Unternehmen hat darüber hinaus ein Trainee-Programm (noch im Pilotstadium) im Programm, das innerhalb von 18 Monaten auf die Zielposition Junior-Designer/in vorbereitet. (7)

Eine **Weiterbildung zum "Fachwirt LDT"** bietet die LDT Fachakademie für Textil & Schuhe in Nagold im Schwarzwald an. In dem berufsbegleitenden Lehrgang sollen sich die Teilnehmerinnen und Teilnehmer, die über einen Lehre im Fachhandel oder über entsprechende Berufserfahrung im Bekleidungs- oder Heim- und Haustextilien-, Schuh- oder Sporthandel verfügen sollten, Führungsqualifikationen für Leitungsfunktionen erwerben. (8)

Marc OPolo

bereitet Nachwuchskräfte systematisch auf international ausgerichtete Führungspositionen vor. Dafür hat das Unternehmen neue Programme eingeführt wie beispielsweise ein duales dreijähriges International Business-Studium in Kooperation mit der Berufsakademie Villingen-Schwenningen für Abiturienten. Neu eingeführt wurde für Absolventen textil geprägter Studiengänge auch ein internationales Trainee-Programm für Retail und

Wholesale. Zudem hat Marc OPolo auch das studienbegleitende Programm "Fashion Starter" entwickelt, mit dem bereits Studenten mit internationalen Ambitionen praktische Erfahrungen beim Modeunternehmen sammeln können. (9)

Zahlen & Fakten

Die beliebtesten Arbeitgeber in der Modebranche

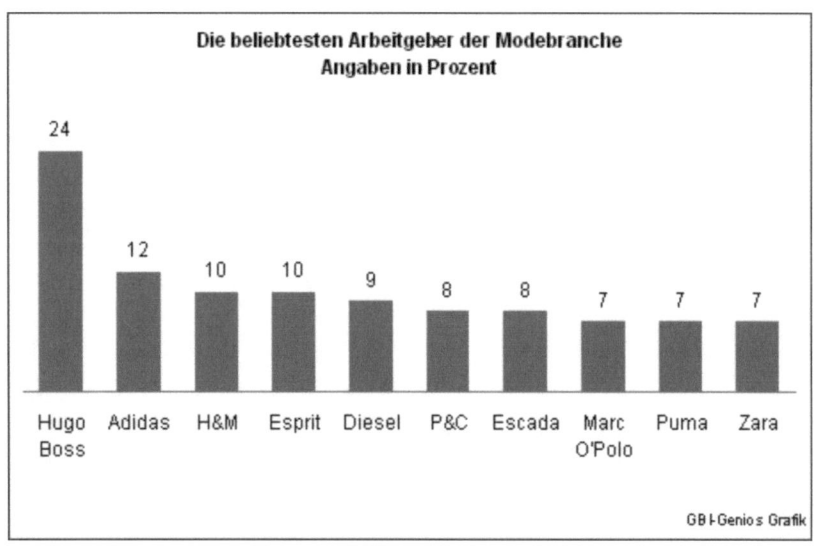

Quelle: TW-Absolventenstudie 2008

Entnommen aus: Maurer, Bettina, Nicht nur die Marke zählt, TextilWirtschaft, Ausgabe 21 vom 22.05.2008, S. 58 (3)

Kriterien bei der Entscheidung für einen Arbeitgeber

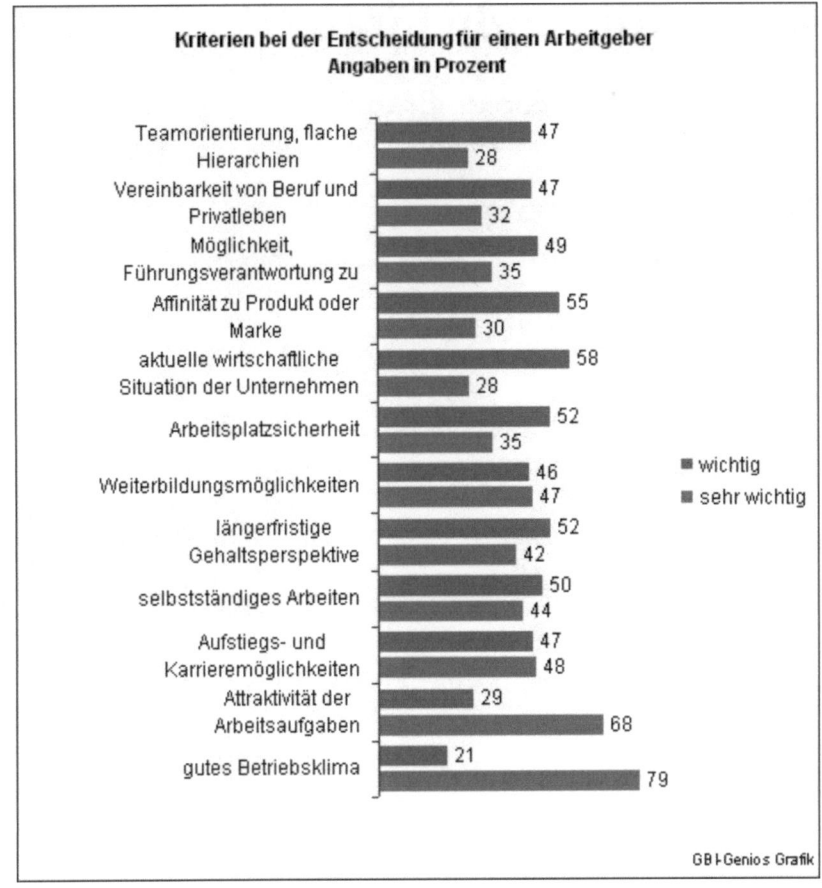

Quelle: TW-Absolventenstudie 2008

Entnommen aus: Maurer, Bettina, Nicht nur die

Marke zählt, TextilWirtschaft, Ausgabe 21 vom 22.05.2008, S. 58 (3)

Weiterführende Literatur

(1) Karriere in der coolen Branche
aus TextilWirtschaft 23 vom 05.06.2008 Seite 022

(2) "Wir müssen strategischer vorgehen"
aus TextilWirtschaft 21 vom 22.05.2008 Seite 071

(3) Nicht nur die Marke zählt
aus TextilWirtschaft 21 vom 22.05.2008 Seite 058

(4) Modebranche bietet vielfältige Berufe
aus Saarbrücker Zeitung vom 10.05.2008

(5) Ostdeutsche Textilindustrie sucht Nachwuchs
aus TextilWirtschaft 24 vom 12.06.2008 Seite 132

(6) Die Chancen der Türken
aus TextilWirtschaft 27 vom 03.07.2008 Seite 052

(7) Kaufhof führt Praktika in der Produktentwicklung ein
aus TextilWirtschaft 26 vom 26.06.2008 Seite 184

(8) In zehn Wochen zum Fachwirt LDT
aus TextilWirtschaft 25 vom 19.06.2008 Seite 030

(9) Karriere ohne Grenzen

aus TextilWirtschaft 25 vom 19.06.2008 Seite 100

Impressum

Gute Chancen in der Modebranche - Absolventen haben vielfältige Berufsaussichten

Bibliografische Information der deutschen Nationalbibliothek

Die Deutsche Nationalbibliothek verzeichnet diese Publikation in der deutschen Nationalbibliografie; detaillierte bibliografische Daten sind im Internet über http://dnb.d-nb.de abrufbar.

ISBN: 978-3-7379-2889-2

© 2015 GBI-Genios Deutsche Wirtschaftsdatenbank GmbH, Freischützstraße 96, 81927 München, www.genios.de

Alle Rechte vorbehalten. Dieses Werk ist einschließlich aller seiner Teile – z.B. Texte, Tabellen und Grafiken - urheberrechtlich geschützt. Jede Verwertung außerhalb der Grenzen des Urheberrechtsgesetzes bedarf der vorherigen Zustimmung des Verlags. Dies gilt insbesondere auch für auszugsweise Nachdrucke, fotomechanische

Vervielfältigungen (Fotokopie/Mikroskopie), Übersetzungen, Auswertungen durch Datenbanken oder ähnliche Einrichtungen und die Einspeicherung und Verarbeitung in elektronischen Systemen.